LE PASSÉ ET L'AVENIR

DU

PARTI ORLÉANISTE

PARIS

IMPRIMERIE DE L. TINTERLIN ET Cᵉ

rue Neuve-des-Bons-Enfants, 3

LE PASSÉ ET L'AVENIR

DU

PARTI ORLÉANISTE

PARIS

E. DENTU, LIBRAIRE-EDITEUR

PALAIS-ROYAL, 13 ET 17, GALERIE D'ORLÉANS

—

1861

LE PASSÉ ET L'AVENIR

DU

PARTI ORLÉANISTE

Si la lettre imprimée à Saint-Germain, déposée à Versailles, distribuée par ballots et à la hâte à Paris, dans les départements et à l'étranger, et portant la signature : *Henri d'Orléans*, avait été sérieusement adressée à une personne nominativement désignée, nul n'aurait le droit de se substituer au correspondant réel que M. le duc d'Aumale aurait particulièrement choisi. Mais les précautions prises pour que la missive du prince allât droit, bon gré malgré, au public immense des deux mondes, démontrent clairement que c'est pour ce public seul, et non pour tel ou tel destinataire, que la célèbre brochure a été écrite et cachée sous le masque d'une étude historique.

Dès lors, quiconque, en France, n'accepte pas les appréciations dont M. le duc d'Aumale a bien voulu faire confidence à tout le monde, sur l'histoire de notre temps et la politique de notre pays ; quiconque croit ce prince abusé par la partialité, même la plus excusable, ne doit pas craindre de se prévaloir de sa propre expérience et de ses souvenirs pour signaler les erreurs dont les assertions et les jugements du noble duc lui paraissent empreints.

Quand le patriotisme des princes d'Orléans protestait, il y a treize ans, contre la loi de bannissement perpétuel qui allait les atteindre, malgré leur soumission solennelle à la volonté nationale ; loi impitoyable, émanée du *terrorisme* de 1815, et que leur auguste père s'appropria en 1830, pour la faire maintenir contre les membres de la famille Bonaparte et *pour l'étendre aux princes de la branche aînée des Bourbons*, les hommes impartiaux applaudirent à ce noble désir de rester *citoyen français* en dépit des révolutions. Je me souviens même que des adversaires de la dynastie d'Orléans, des républicains, des socialistes, tels que MM. Louis Blanc, Gambon, etc. ; des légitimistes, tels que MM. Béchard, de Larcy, La Rochejaquelein, Bouhier de l'Écluse, etc. ; un bonapartiste, M. Boulay de la Meurthe, repoussèrent alors honorablement la proscription héréditaire dont on menaçait cette famille, tandis que trois anciens ministres du roi Louis-

Philippe, parmi lesquels figura peut-être l'un des plus éminents conseillers actuels de ses fils, votaient pour cette mesure ultrà-révolutionnaire, à la fois liberticide et régicide (1).

La protestation de M. le duc d'Aumale contre la politique nationale développée devant le Sénat, a trouvé des échos, comme il l'espérait sans doute, parmi les partisans des proscrits royaux de 1830, au milieu des *flétris* de 1844, et aussi, mais en petit nombre, chez quelques-uns des proscripteurs libéraux de 1848. Ce concert inattendu est un de ces miracles dont l'esprit de parti possède seul le secret. Mais les hommes impartiaux qui approuvèrent la protestation contre la proscription perpétuelle d'une illustre famille, et qui se préoccupent beaucoup plus, dans leur vie politique, des grands intérêts de la France et de l'humanité que des querelles dynastiques, les hommes impartiaux ont dû faire un tout autre accueil au manifeste du prince H. d'Orléans.

C'est la solidarité du nom et du sang qui a poussé M. le duc d'Aumale à prendre la plume. Respect à cette sentinelle vigilante de l'honneur des familles, à cette noble inspiratrice des dévouements domestiques, auxiliaires naturels des vertus civiques et des liens sociaux !

(1) Voir *le Moniteur* du 28 mai 1848. Page 1193. — *Scrutin de division* sur le décret de bannissement contre les membres de la famille d'Orléans.

Cependant, quelque louable que soit la susceptibilité patrimoniale, il peut y avoir, dans ses manifestations, des entraînements et des écarts que l'on ne saurait approuver.

Tant qu'elle reste en parfait accord avec la vérité historique et le sentiment national, elle est par cela seul sainte et inviolable. Elle a eu incontestablement ce caractère chez M. le duc d'Aumale, lorsque, venant à parler de ses ancêtres, il a rappelé la gloire de *cette antique race sous l'égide de laquelle un petit royaume, composé de deux ou trois provinces, est devenu cette grande nation dont nous connaissons la puissance.* Il est regrettable seulement que le sentiment des droits et des devoirs de la solidarité dynastique, après ce pieux hommage à la mémoire des rois de la troisième race qui contribuèrent à fonder l'unité nationale en France, n'ait pas empêché un Bourbon de jeter des mots presque outrageants sur la tombe de quelques princes d'une autre race royale, qui commença et qui achève, à cette heure, la grande œuvre de l'unité nationale chez un peuple voisin et ami de la France. Pourquoi aller remuer la cendre de Charles-Albert, qui n'attendit pas de mourir pour demander le repos et l'oubli aux vivants ? Serait-ce parce que, aux yeux de certaines gens, il a commis un double crime en relevant le drapeau de l'indépendance et de la liberté en Italie, et en donnant le jour et le trône à Victor-Emmanuel ? Mais ce désir impie d'atteindre le fils à

travers le père n'aurait pas dû faire oublier à un descen-
dant du *bon roi* que, parmi les souverains qui s'attachèrent
avec le plus de dévouement et d'intelligence à la personne
et à la politique du chef de la branche royale des Bourbons,
on vit figurer au premier rang le chef de la maison de
Savoie, Charles-Emmanuel Ier, à qui remonte l'idée de
l'indépendance italienne par l'alliance française, et de la
constitution de l'unité péninsulaire, comme partie essen-
tielle de la confédération européenne. Les paroles que ce
prince prononça en apprenant que Henri IV venait d'être
arrêté dans l'accomplissement de ses vastes desseins par le
poignard de Ravaillac, sont bonnes à répéter en ce mo-
ment. Loin de se laisser abattre par sa grande douleur,
Charles-Emmanuel s'affermit dans ses résolutions et s'é-
cria : « Mes armées piémontaises sont la sauvegarde actuelle
de l'Italie... si je désarme, il n'y aura plus dans la pénin-
sule d'hommes libres : ce sera le triomphe des traîtres et
des esclaves. »

Mais je m'abuse, sans doute : dans les dispositions ac-
tuelles du patriotisme orléaniste, le souvenir de Charles-
Emmanuel n'était pas de nature à le rendre moins sévère
envers la maison de Savoie. Quoi qu'il en soit, je me hâte
de revenir à celles des récriminations ou invocations historiques de M. le duc d'Aumale qui se rapportent à des
temps plus voisins de nous, aux grandes luttes de la Répu-

blique et de l'Empire, aux jours néfastes de 1815, aux révolutions de 1830 et de 1848, aux dernières commotions émancipatrices qui ont fait saluer avec enthousiasme le retour de la prépondérance française partout où il y a des opprimés à secourir.

L'impartialité qui distingue les âmes et les intelligences élevées, et que le prince Henri d'Orléans a gardée religieusement, à coup sûr, dans ses intentions, lui est à peu près impossible dans ses jugements sur les hommes et les choses de toutes ces époques plus ou moins orageuses.

L'esprit de famille, au nom duquel il s'est si vivement ému de ce qui a été dit au Sénat sur *les luttes et les trahisons intérieures des Bourbons*, — l'esprit de famille doit nécessairement, même à son insu, finir par se confondre en lui avec l'esprit de parti, dont les allégations et les appréciations sont toujours également suspectes. Plus il s'est montré jaloux de venger l'honneur de la maison d'Orléans, plus il a attesté l'influence que les traditions et les prétentions patrimoniales doivent inévitablement exercer sur ses tendances et ses prévisions politiques, comme sur sa manière d'étudier et d'expliquer l'histoire contemporaine.

M. le duc d'Aumale a beau affecter de se présenter tout simplement comme un pauvre Français injustement exilé et voulant défendre uniquement, avec sa famille, *le passé de la France;* beaucoup de gens, pleins du souvenir de nos discordes civiles, trouvent, en lisant sa brochure, que LE PRINCE DU SANG, loin de s'y laisser effacer par *le citoyen,* s'y fait remarquer, à chaque page, toujours plus soucieux de l'avenir de la branche royale dont il est un des nobles rejetons, que du passé et des destinées de notre grande nation ; toujours fatalement engagé dans l'œuvre ingrate du rajeunissement d'un *vieux parti.*

M. le duc d'Aumale nie, il est vrai, l'existence de ce vieux parti : il est persuadé que son aïeul lui-même, Philippe-Egalité, commit seulement *la faute de se lancer sur une pente fatale,* et que le roi Louis-Philippe ne conspira jamais.

Il lui fallait cette conviction pour se récrier, comme il l'a fait, au bruit d'une grande vérité historique, tombée de la tribune du Sénat sur la tête des négociateurs de *la fusion* capétienne.

Mais ce n'est pas *le fait de conspiration,* imputé depuis si longtemps à la maison d'Orléans, qui intéresse surtout notre pays ; c'est bien plutôt l'usage qu'elle a fait de la souveraine puissance, de quelque part qu'elle lui soit venue ; c'est l'usage qu'elle en ferait inévitablement encore s'il lui était donné, n'importe comment, de la reprendre.

Pour les hommes politiques, pour les patriotes, pour les amis de l'indépendance et du progrès des nations, le côté le plus sérieux de la *Lettre sur l'histoire de France* est là ; et l'on doit des remercîments à son auteur pour le soin qu'il a pris d'éclairer cette question capitale et d'en rendre la solution plus facile, non-seulement par ce qu'il a dit, mais aussi par ce qu'il a donné occasion de dire.

Ainsi, quand M. le duc d'Aumale considère comme un fait avéré et incontestable, que le roi Louis-Philippe n'avait jamais conspiré, il ouvre une discussion fort instructive, laquelle doit remettre au grand jour les espérances de la veille et les déceptions du lendemain de la Révolution de Juillet, et qui peut servir, par conséquent, à tenir la France en garde contre ceux qui, avec la prétention de *ne jamais conspirer*, savent cependant s'arranger de manière à se trouver à la tête et à tirer profit de toutes les conspirations heureuses, sans prendre aucun engagement formel et compromettant, et au moyen seulement d'excitations indirectes soigneusement entretenues, d'insinuations encourageantes et de secrètes promesses dont ils sont bien décidés à ne plus se souvenir après le succès.

Assurément, dans la pensée de M. le duc d'Aumale, le roi Louis-Philippe est absous de toute participation *directe* ou *indirecte* aux conspirations qui précédèrent son avénement au trône. Mais lors même que le respect dû à une opinion qui prend sa source dans la piété filiale, devrait empêcher de contredire ici ce prince, le silence n'effacerait pas les dénégations retentissantes qui ont été opposées d'avance à ses affirmations. Ce sont ses alliés d'aujourd'hui, les historiens, les orateurs, les poëtes, les publicistes dévoués à la branche aînée des Bourbons ; ce sont eux qui, dans les journaux, dans les pamphlets, dans les livres, à la tribune des assemblées politiques comme à la barre des tribunaux et des cours, n'ont pas cessé de dire :

« Il y avait *un parti orléaniste* en 1789, et il laissa des traces sanglantes de son existence sur les dalles du château de Versailles dans les journées des 5 et 6 octobre ;

« Il y avait *un parti orléaniste*, à Paris, derrière les émeutiers du 20 juin, les insurgés du 10 août et les égorgeurs du 2 septembre 1792 ;

« Il y avait *un parti orléaniste*, en 1793, sur les bancs et dans les tribunes de la Convention, au club des *Jacobins* et sur la place de la Révolution (1) ;

(1) *Extrait du registre des délibérations de la commune de Paris,* du 15 septembre 1792 :

« Sur la demande de Louis-Philippe-Joseph, prince français, le conseil général arrête :

« *Louis-Philippe-Joseph et sa postérité porteront désormais pour nom de famille* ÉGALITÉ. »

MARAT *défenseur de* PHILIPPE ÉGALITÉ.

« Robespierre a paru ne pas s'opposer à l'exil d'Égalité. Je suis loin d'approuver

« Il y avait *un parti orléaniste* au camp de Dumourier ; et le chef présomptif de ce parti, après avoir partagé la gloire des vainqueurs de Jemmapes et de Valmy, porta son drapeau à l'étranger, à la suite d'un traître ;

« Il y avait *un parti orléaniste* hors de France, en 1809, et son chef, impatient de combattre les troupes françaises, envoyait de Cagliari à Londres, des dissertations militaires et politiques renfermant une profession de foi dans laquelle il se déclarait *Anglais* par ses principes, par ses goûts, par ses habitudes, par reconnaissance (1) ;

« Il y avait *un parti orléaniste* en Espagne, en 1810,

Robespierre ; IL FAUT QU'ÉGALITÉ RESTE. (*Applaudissements répétés, bravos de l'Assemblée et des tribunes*), car il est représentant du peuple. Aujourd'hui, la faction criminelle qui veut *attaquer les droits du peuple dans Égalité,* voudrait exiler tous les amis du peuple, et vous-même, Robespierre, vous seriez à la tête ; QU'ÉGALITÉ RESTE DONC PARMI NOUS... » (*Applaudissements.*)

(*Séance du club des Jacobins,* du 16 décembre 1792. Buchez et Roux. Tome XXI, page 382.)

Votes de Philippe Égalité dans le procès de Louis XVI.

Sur la question de l'*appel au peuple* :

« Je ne m'occupe que de mon devoir ; je dis NON. »

(*Séance* du 15 janvier 1793.)

Sur la question de la peine :

« *Uniquement occupé de mon devoir, convaincu que tous ceux qui ont attenté ou attenteront par la suite à la souveraineté du peuple, méritent la mort, je vote pour la* MORT. »

(*Séance permanente* de la Convention, des 16 et 17 janvier 1793.)

(1) Voir les lettres autographes du duc d'Orléans, datées de Cagliari ou de Palerme, et portées, par M. Berryer, à la barre de la Cour d'assises de Paris, dans la défense du journal légitimiste : *la Mode.* Ces lettres ont été publiées en *fac simile* par M. de Lourdoueix dans un livre intitulé : *L'Orléanisme c'est la Révolution* (Paris, E. Dentu, 1852).

représenté, il est vrai, par un seul homme ; mais cet homme, pourvu d'un commandement dans l'armée anglo-espagnole, croyait si bien à la puissance et à l'avenir du parti dont il était la suprême personnification, que la royale princesse dont le sort était uni au sien, amenée naturellement à partager les rêves ambitieux de son mari, lui disait pressentir qu'elle portait dans son sein *l'héritier présomptif du trône de France ;* pressentiments qu'elle faisait suivre d'allusions peu bienveillantes à l'égard des Bourbons *aînés*, dont elle signalait la jalousie *furieuse* et redoutait les *tripots* (1) ;

« Il y avait *un parti orléaniste* en 1812, bien caché, sans doute, mais toujours à l'affût des événements, et qui n'aurait pas manqué d'apparaître derrière le républicain Mallet, s'il eût réussi dans son projet de rétablir les Bourbons en leur imposant la *Constitution de* 1791, condition qui trahissait, dans le conspirateur démocrate, une arrière-pensée orléaniste et qui excluait l'hypothèse d'une restauration légitimiste.

« Il y avait *un parti orléaniste* en 1814, sous la Restauration, servi activement par Fouché, et dont l'entrée en campagne, tentée par quelques généraux (2), dans les

____

(1) Voir la lettre de la duchesse d'Orléans, adressée de Palerme, en 1810, à son mari alors en Espagne. Cette lettre est également reproduite en *fac simile* dans le livre de M. de Lourdoueix.

(2) *Mémoires de Fouché.*

départements du nord, en mars 1815, ne fut arrêtée dans ses développements que par la réapparition soudaine du prisonnier de l'île d'Elbe.

« Il y avait *un parti orléaniste* pendant les Cent-Jours, poursuivant sa vieille trame, que Louis XVIII s'efforçait de rompre en mandant à son *cher neveu* le duc d'Orléans, alors retiré en Angleterre, de venir le rejoindre à Gand et de *partir tout de suite* (1), ce que le chef avisé de la branche cadette refusa obstinément de faire pour rester en mesure d'agir *selon les événements* (2).

« Il y avait *un parti orléaniste*, après le désastre de Waterloo et la seconde abdication de l'Empereur, et ce parti, prompt à s'introduire dans les intrigues de la Chambre des représentants et à se glisser dans le camp des alliés (3), n'échoua que devant la politique anglaise alors résolument légitimiste.

« Il y avait *un parti orléaniste*, en 1816, à Grenoble, derrière le malheureux Didier (4) qui ne se servit du nom

(1) Lettre de **Louis** XVIII au duc d'Orléans, datée de Gand, le 10 mai 1815. — (*Mon journal — événements de* 1815, par Louis-Philippe d'Orléans. Tome II, page 34.)

(2) Lettres du duc d'Orléans à Louis XVIII et au comte Thibaut de Montmorency, datées, la lettre à Louis XVIII, de Richemond, le 17 mai, et celle adressée à M. de Montmorency, de Twickenham, le 16 juin. — (Id. même tome, pages 39 et 169.)

(3) *Mémoire* présenté à la Conférence de Paris par des princes allemands. (Gagern, tome II, page 87.)

(4) Lamartine — *Histoire de la Restauration.* (Tome VI, pages 102 et 103). La tentative de Didier n'était en quelque sorte que la reprise de la conspiration

de Napoléon que pour entraîner plus sûrement les paysans dauphinois sous le drapeau de l'insurrection.

« Il y avait *un parti orléaniste* en 1820, déguisant mal son dépit autour du berceau du duc de Bordeaux et faisant publier des protestations scandaleuses dans les feuilles étrangères. (1)

« Il y avait *un parti orléaniste* de 1820 à 1830 (2), faisant dire à Paul-Louis Courier, que tout le monde désirait que M. le duc d'Orléans fût nommé *maire de sa commune*; applaudissant Cauchois-Lemaire qui conjurait hardiment ce prince de relever le joyau royal considéré dès lors comme tombé des mains de Charles X; propageant et recommandant partout les journaux qui poussaient la France à une imitation de la révolution anglaise de 1688, tels que le *Globe* des doctrinaires et le *National* de MM. Thiers et Mignet.

---

militaire *du Nord*, organisée par Fouché en faveur du duc d'Orléans. Le général Drouet d'Erlon entra, en 1816, dans le complot de Didier dont le but secret était le même. — (Vaulabelle — *Histoire de la Restauration.* — Tome ɪv, pages 110 et suivantes.)

(1) Lourdoueix. — (*L'Orléanisme — Documents historiques.* Page 219.)

(2) Un journal belge a publié, à l'occasion de la brochure du duc d'Aumale, une note que nous reproduisons ici :

« La confiance avec laquelle la reine Hortense s'était adressée au roi Louis-Philippe, en 1831, était basée, *dit-on*, sur le fait suivant :

« Pendant les années qui s'écoulèrent entre la mort de Napoléon à Sainte-Hélène et celle du prince Eugène à Munich, le duc d'Orléans s'occupait activement de ménager toutes les chances que pouvaient lui préparer les partis en renversant la Restauration. La popularité du nom de Napoléon ne lui échappa pas. Il pensa à s'y

« Il y avait *un parti orléaniste*, en 1830, lequel rédigea le 30 juillet, à huit heures du matin, dans le cabinet ou les salons de M. Laffitte (1), et de la main de M. Thiers, une proclamation aux Français en faveur du duc d'Orléans. Le lendemain, ce parti porta pour ainsi dire son chef à l'Hôtel-de-Ville, où Lafayette l'accueillit *comme la meilleure des républiques*. Le soir du même jour, l'ami de Washington reçut de Louis-Philippe d'Orléans, au Palais-Royal, une adhésion formelle au programme résumé dans ces mots : *un trône populaire entouré d'institutions républicaines* (2) ; ce qui n'empêcha pas le futur *roi-citoyen* d'écrire, quelques heures après à Charles X, par l'entremise de M. le duc de ***, qu'il avait été amené à Paris *par force*, et que *si ces gens le violentaient jusqu'à lui imposer un titre auquel il n'avait jamais aspiré*, Sa Majesté devait être bien persuadée qu'il n'envierait toute espèce de pouvoir que *tempo-*

rallier, et envoya lord Kinaire à Munich proposer au prince Eugène de réunir leurs intérêts.

« Dans le cas où le duc d'Orléans l'emporterait, il s'engageait à laisser rentrer en France tous les membres de la famille Bonaparte et à leur rendre leurs biens. Si les Bonapartistes, au contraire, restaient maîtres de la situation, lord Kinaire voulait que le prince Eugène prît des engagements semblables à l'égard des d'Orléans.

« La négociation échoua contre la loyauté du prince Eugène, qui déclara hautement que si jamais le parti bonapartiste l'emportait en France, ce serait pour rendre le trône à l'héritier légitime de Napoléon Iᵉʳ, et qu'il ne prêterait jamais son concours à un mouvement ayant pour but de substituer au duc de Reichstadt un prince quelconque de la famille impériale. »   (*Le Nord* du 29 avril 1861.)

(1) *OEuvres d'Armand Carrel*, tome III, page 232.

(2) *Mémoires* de Lafayette. — Tome VI.

rairement et dans le seul intérêt de leur maison (1).

« Il y avait *un parti orléaniste* le 3 août suivant, qui fit envoyer au général Pajol, par le duc d'Orléans, lieutenant-général du royaume, l'ordre d'expulser de Rambouillet le roi Charles X et son escorte (2), et qui encore (s'il faut en croire MM. de Lourdoueix et Louis Blanc, dont on voudrait que les assertions pussent être contestées avec succès), aurait donné mission à un officier de marine de surveiller et de *couler bas*, au besoin, le navire qui portait le vieux roi et sa famille en Angleterre, pour peu que Charles X essayât d'agir en maître (3).

« Il y eut, le 7 août, *un parti orléaniste* qui se couronna en la personne de son chef, et qui, une fois maître de la France, ne traita pas mieux les Bourbons de la branche aînée, malgré les assurances données à Charles X, dans la lettre du 31 juillet, qu'il ne traita les patriotes de 89 et les démocrates de l'Hôtel-de-Ville, malgré la promesse d'institutions républicaines faite le même jour à Lafayette.

« Il y eut enfin, non plus seulement *un parti orléaniste*, mais UN GOUVERNEMENT ORLÉANISTE qui, à peine installé, fit constater solennellement, par un procès-verbal, le *sui-*

---

(1) Le duc de Valmy : *De la force du Droit et du Droit de la force.*
Lourdoueix : *L'Orléanisme*, etc., pages 223 et 224.
(2) *Fastes de la Légion d'honneur.* — Biographie du général Pajol. — Lourdoueix. (Pages 224 et 225)
(3) *Histoire de dix Ans.* — L. Blanc. Tome I, page 462.
L'Orléanisme, etc. — Lourdoueix. — Pages 55 et 56.

cide (1) du duc de Bourbon, dans le château de Saint-Leu, et, un peu plus tard, l'accouchement de la duchesse de Berry dans la citadelle de Blaye.

« Il y eut UN GOUVERNEMENT ORLÉANISTE qui accepta, pour l'un des fils du nouveau roi, le riche héritage des Condés, fruit des négociations de la baronne de Feuchères, instituée elle-même légataire, et dont le mari crut devoir répudier la fortune pour sauvegarder son propre honneur.

« Il y eut UN GOUVERNEMENT ORLÉANISTE qui usa de toute son influence pour faire consacrer judiciairement la version du *suicide* du duc de Bourbon et la validité du testament de ce prince, dans ses dispositions favorables à M. le duc d'Aumale et à la baronne de Feuchères, et pour faire annuler en même temps, comme *immoral*, le legs inséré dans ce même testament en faveur des anciens officiers de l'armée de Condé.

« Il y eut UN GOUVERNEMENT ORLÉANISTE qui, aussi oublieux de son origine populaire que de ses liens dynastiques, désillusionna rapidement ses illustres promoteurs de 1830 : Lafayette, Benjamin-Constant, Dupont (de l'Eure), Laffitte, Béranger ; qui affecta de rougir, devant les puissances étrangères, de la révolution dont il tirait

(1) Voir la lettre de M. de Rumigny où il est question d'indices pouvant contrarier la qualification donnée à la mort tragique du duc de Bourbon. (*La Révolution c'est l'Orléanisme,* par de Lourdoueix, Paris, E. Dentu, 1852.)

son droit et sa force, et qu'il appela une *catastrophe* (1) ;
un gouvernement qui, après avoir rejeté dans l'opposition
tous ses fondateurs, patriotes et démocrates, alla jusqu'à
se faire accuser d'être ultrà-pacifique et trop peu libéral,
par des hommes tels que MM. Royer-Collard, de Montalembert (2), de Broglie, Villemain, Cousin, Thiers et Gui-

(1) *Lettre du roi des Français à l'empereur de Russie*, 29 août 1830.

Un peu plus tard, le roi Louis-Philippe, dans un discours inséré au *Moniteur*,
ayant rappelé *le régime de la terreur* pour flétrir *les théories abstraites sur la liberté*,
Carrel lui adressa cette vive apostrophe dans le *National* :

« La liberté d'aujourd'hui n'entend pas répondre de toutes les horreurs qu'en-
fanta, il y a quarante ans, le machiavélisme orléaniste pour tuer la branche aînée
par la révolution, la révolution par ses excès, et régner sur les cadavres de l'une et
de l'autre.

« Que vous, homme d'expérience, qui avez vu de près ces affreux mystères, qui
plus ou moins y fûtes initié, qui aviez tout à espérer de leur succès ; que vous, soldat
de Jemmapes et de Valmy, c'est vrai, mais aussi membre de la société des Jacobins, révolutionnaire contemporain, non pas seulement du 14 juillet, mais des 5 et
6 octobre, du 20 juin, du 10 août, du 2 septembre 1792, du 21 janvier 1793 ; que
vous, ami intime du général qui attendit le 10 août et le 31 janvier pour parler
du rétablissement de la monarchie constitutionnelle ; que vous, ci-devant prince
Égalité, vous puissiez dire aujourd'hui : *Je suis assez vieux pour avoir vu ces temps
et pour en détester la mémoire...* Nous vous croyons ; ce n'est pas d'aujourd'hui que
nous savons votre repentir. Vous vous étiez repenti, en 1803, en Angleterre, aux
pieds de Louis XVIII... Vous vous étiez certes bien repenti quand vous allâtes
chercher, sous la protection de cette Frédégonde sicilienne qui avait organisé à
Naples l'égorgement des patriotes amis de la France, une alliance qui *vous classait
en première ligne parmi les champions obligés de la contre-révolution.*

« Nous ne demandons pas mieux que d'honorer le repentir chez ceux pour qui
ce peut être un besoin de conscience ; mais, quant à nous, nous ne nous repentons
pas... nous, qui sommes jeunes, qui avons réconcilié la raison et l'humanité. »

(OEuvres d'Armand Carrel, tome III, pages 559, 660.)

(2) Sans remonter à la fameuse *préface* de la traduction des *Pèlerins* dans laquelle
les *chefs* du gouvernement de Juillet étaient accusés d'avoir imposé au pays une
doctrine cynique de corruption et d'arbitraire, et de ressembler à *des eunuques chargés
de faire subir à la France le supplice de la femme adultère et de l'étouffer dans la boue,*

zot (1), et qui finit par tomber sous le poids de l'impopu-
larité qu'avaient amassée sur sa tête, pendant dix-huit ans,
sa politique de la paix à tout prix et de l'abaissement
continu au dehors, et son système de compression et de
corruption au dedans. »

Voilà, en quelques-pages, le sommaire de l'histoire du
parti orléaniste, dans l'opposition ou sur le trône, telle que
l'ont écrite, attestée, vulgarisée, non-seulement les historiens de l'école libérale ou démocratique, mais surtout les
écrivains et les orateurs légitimistes eux-mêmes, jusqu'au
24 février INCLUSIVEMENT..... Quand on sait combien tout
cela est exact et combien notre pays en a souffert, il est
difficile de partager l'étonnement et l'indignation que les
Princes de la maison d'Orléans ont cru devoir manifester,
sur la simple énonciation, quoique fortement accentuée,
des luttes et des trahisons intérieures des Bourbons.

Mais il y a eu encore, après 1848, *un parti orléaniste* en
France, et il s'est réconcilié, dans les assemblées républicaines, avec ceux qu'il avait proscrits et flétris, pour ré-

on trouve dans les discours de M. de Montalembert, à la tribune de la Chambre
des Pairs, les attaques les plus vives contre la politique du roi Louis-Philippe ; politique qu'il signala comme ayant toujours une tendance fâcheuse *à reculer.* (*Moniteur.* Session de 1839.)

(1) A la Chambre des Députés et à l'ouverture de la même Session (1839), M. Guizot
caractérisa en ces termes la politique du gouvernement : « *Anarchie dans les Chambres, anarchie dans les élections, anarchie dans l'administration !* »

(Voir au *Moniteur* de 1839 les discussions sur l'adresse dans les deux Chambres.)

habiliter toutes les institutions rétrogrades et repousser toutes les idées progressives; pour relever le privilége électoral sur les ruines du suffrage universel ; pour maintenir les monopoles et les prohibitions dans la législation industrielle et commerciale ; pour livrer l'enseignement national aux corporations religieuses, et l'assistance publique aux affiliations cléricales; pour étouffer enfin le mouvement régénérateur de l'Italie et entreprendre ensuite de reporter *la guerre de Rome à l'intérieur.*

Il est regrettable sans doute que ce parti réactionnaire n'ait perdu sa toute-puissance que par un *coup d'État;* mais l'histoire dira s'il pouvait la perdre autrement, et elle tiendra compte aussi de la sanction populaire. Ce qui est certain, c'est que cette omnipotence était essentiellement malfaisante ; c'est que, *conservatrice borne* incorrigible, elle s'attaquait sans relâche et sans réserve, non-seulement à l'esprit de liberté et d'égalité de 89, mais à l'esprit d'examen du seizième siècle, au *rationalisme* qu'elle appelait *le père du socialisme,* à toutes les conquêtes de la civilisation moderne.

Est-ce là franchement ce que veut encore, ce que prétend faire le parti orléaniste dont M. le duc d'Aumale s'est fait par sa brochure l'un des plus hauts organes? Il suffit de la lire, cette brochure, pour être complétement édifié à cet égard.

L'orléanisme, dont ce prince est l'organe, affecte de ne, pas comprendre *le nouveau droit public* qui prévaut en France et qui finira par prévaloir dans toute l'Europe ; mais cette inintelligence simulée cache une répulsion positive pour ce droit nouveau. On sait très-bien qu'il s'agit du principe de la souveraineté nationale substitué au droit divin des races royales ; mais comme ce principe n'a reçu qu'une application restreinte et fictive, en 1830, au profit de la famille d'Orléans, elle a de bonnes raisons pour s'affliger et ne pas vouloir des applications plus complètes qui ont servi de base à l'élévation d'une autre dynastie.

L'orléanisme redoute toujours l'extension de la puissance française par les armes ; il n'aurait fait ni la guerre de Crimée, ni celle d'Italie ; il ne resterait pas plus en 1861 qu'en 1840 sur les côtes de Syrie malgré l'Angleterre ; il est bien décidé à ne pas se mettre jamais au service des *causes justes et civilisatrices* sans la permission des *défaillances intéressées* qui formaient et formeraient encore son *pays légal* ; ce n'est pas lui qui fera la guerre pour une *idée*, cette idée impliquât-elle la délivrance d'un peuple voisin et ami, et l'accroissement du renom, de l'ascendant et des alliances de la France.

L'orléanisme est toujours plein de sollicitude et de sympathie pour *la paix à tout prix* ; il ne trouve en lui quelques velléités guerrières qu'en songeant au pouvoir temporel du Pape qu'il serait heureux de défendre, et aux revers qu'a essuyés comme aux dangers que court encore le gouvernement des cardinaux, bien qu'en d'autres temps, et par la bouche de M. le duc de Broglie (1), il ait jugé lui-même ce gouvernement pire que celui des généraux autrichiens.

L'orléanisme a conservé toutes ses répugnances pour les réformes intérieures, politiques ou fiscales ; le *libre-échange* lui fait peur autant que le suffrage universel. Le seul progrès qu'il ait fait depuis 1848, c'est de s'être converti à la liberté absolue de l'enseignement, quand il a vu que cette liberté n'était en réalité que la prédominance exclusive des influences cléricales dans l'éducation nationale, et qu'elle n'avait abouti qu'à créer une espèce de monopole en faveur de l'Église contre l'Université.

En vérité, je ne comprends pas bien ce que les publications d'un parti, qui ne craint pas d'avouer hautement ses prédilections oligarchiques et ultramontaines, pourraient avoir de contagieux chez une nation qui ne manque pas de bon sens, et au sein de laquelle *la démocratie coule à pleins bords*, comme disait Royer-Collard il y a plus de trente ans.

(1) *Moniteur* du 27 décembre 1839.

La plus grande chance de succès qu'un parti aussi étranger aux idées et aux besoins de notre temps pût espérer, n'en déplaise à M. le duc d'Aumale, c'était, selon moi, qu'on l'empêchât de faire trop savoir à la France ce qu'il est invariablement, ce qu'il pense, ce qu'il conjecture, ce qu'il prépare, ce qu'il attend, toutes choses évidemment peu conformes aux sentiments, aux principes, aux intérêts et aux destinées de ce grand pays ; car, pour prendre, comme il l'a fait, dans les salons et les coteries, des airs de triomphe sans devenir ridicule, ce parti avait besoin qu'on lui fournît le prétexte de dire et de faire croire qu'on avait trouvé plus facile d'étouffer que de réfuter son manifeste.

Eh ! mon Dieu ! le peuple de France l'a déjà réfuté victorieusement bien des fois ce manifeste, tantôt avec l'arme terrible des révolutions, tantôt par la voie pacifique des élections. Ce que l'orléanisme lui offre aujourd'hui, ce qu'il lui donnerait demain, n'est pas autre chose que ce que ce même peuple a repoussé et brisé hier comme intolérable. Certes, le roi Louis-Philippe ne manquait ni de lumières ni de hautes facultés politiques. Il avait conçu tout ce que ses fils regrettent, tout ce qu'ils voudraient imposer à la France, et c'est pour l'avoir trop pratiqué qu'il a perdu sa couronne. Ses enfants, de quelque brillantes qualités qu'ils soient doués, espéreraient-ils être plus habiles ou plus heureux que lui ? Ce serait une illusion funeste et pour

eux et pour le pays. Pas mieux que leur père ils ne pourraient ni éviter d'une part, ni faire accepter longtemps de
l'autre, la monarchie égoïste de la bourgeoisie, le règne
des enrichis, le privilége électoral de la fortune, la stérilité
de l'omnipotence parlementaire, *l'abaissement continu* de
la nation, les servitudes du commerce et de l'industrie, les
monopoles et les prohibitions, les faiblesses de l'État pour
l'Église.

Croit-on que Louis-Philippe eût résisté avec tant de
persistance au développement logique de la révolution de
1830 qui s'était livrée à lui, s'il n'eût pas trouvé dans les
profondeurs de son âme quelque chose d'impersonnel, pour
ainsi dire, une nécessité de position, un instinct de race
qui le détournait et lui défendait d'être aussi hardiment
libéral et national que tout autre patriote ou démocrate de
son temps ?

Oui, Louis-Philippe, le chef de la maison d'Orléans,
quoique pris au maillot par la philosophie du dix-hui-
tième siècle, et caressé dans sa jeunesse par la révolution
française, garda fatalement, sous l'influence de son éducation voltairienne, l'orgueil qu'il tirait de l'illustration de
sa naissance. Libre penseur, patriote de 89, soldat de
Jemmapes et de Valmy, roi citoyen, amoureux de la co-
carde tricolore, passionné pour la *Marseillaise*, Louis-
Philippe resta BOURBON *quand même*, et il se disait sans

cesse tout bas ce qu'il lui échappa un jour de dire tout haut aux chefs de la bourgeoisie qui lui avaient donné la couronne, *qu'il n'y avait pas, en Europe, un roi qui fût de l'étoffe d'un duc d'Orléans.*

Mais si la vétusté de son étoffe royale le rendait fier, elle le rendait aussi vulnérable. Plus on avait raison de répéter qu'il avait été choisi *parce qu'il était Bourbon,* moins on devait espérer qu'il pût succéder à ses augustes parents sans hériter de leur vieillesse, de leurs infirmités, de leurs défaillances, de leur incurable caducité.

Louis-Philippe régna donc, comme l'indiquait la raison principale qui détermina les doctrinaires, conduits par M. Guizot, dans le choix du 7 août 1830, c'est-à-dire en *Bourbon* de la décadence. Tout ce que pouvait faire pour l'extension des franchises populaires, un roi du sang des Capets, créateurs de la bourgeoisie, pères du Tiers-État, c'était d'élargir le cercle du privilége électoral au profit des bourgeois censitaires, au lieu d'abolir ce privilége pour lui substituer le droit universel en faveur de la postérité des serfs.

Tout ce que pouvait désirer, dans ses relations extérieures, un patriote de tige féodale, vieilli dans l'émigration et couronné par la Révolution, c'était de faire consacrer sa dynastie par la Sainte-Alliance et de promettre, pour cela, à la vieille Europe, de rendre le peuple de

France le moins gênant et le moins inquiétant possible pour les rois d'antique origine, pour les *gouvernements d'ancien régime*, comme dit le P. Lacordaire.

Les enfants de ce prince, quelque part qu'ils aient prise au mouvement libéral de leur époque, ne sauraient régner autrement que lui. Le sentiment de la solidarité dynastique dont ils se montrent si vivement pénétrés, ne fait que rappeler avec plus d'éclat qu'ils sont, eux aussi, les représentants d'un autre âge ; et leurs plaintives allusions aux guerres d'indépendance, leur répugnance mal déguisée pour le *nouveau droit public*, qui consacre au dedans *le vote universel* et au dehors *la liberté commerciale ;* leur affectation à s'attendrir sur les revers de la théocratie romaine et à se préoccuper des méfiances et de la mauvaise humeur que la vieille Europe peut éprouver du réveil et des progrès de la prépondérance française dans le sein des cabinets et dans le mouvement des nations, tout cela ne peut que faire persévérer le peuple de France dans son arrêt souverain de 1848 contre la dernière branche de la maison de Bourbon.

3 mai 1861.

Post-Scriptum. — Quelques personnes ont regardé la

saisie de la brochure de M. le duc d'Aumale comme impli-
quant le silence forcé de la critique.

Cette opinion, fondée sur un sentiment honorable, ne
tient pas assez compte des circonstances qui font de la
Lettre sur l'Histoire de France un écrit tout à fait excep-
tionnel.

La brochure a été saisie, mais après que son auteur, à
l'abri de toute poursuite, s'était assuré, en France et à
l'étranger, une publicité plus grande que ne pouvait l'ob-
tenir et que ne l'obtiendra aucune des réponses librement
répandues.

Est-il raisonnable de penser que l'on doive s'abstenir
de répondre au manifeste d'un parti dont on redoute le
triomphe pour son pays, parce que ce manifeste aura été
arrêté et poursuivi après être parvenu à la connaissance
de tout le monde au dehors et d'une foule innombrable de
lecteurs au dedans.

Nous le demandons, si la *Lettre* saisie avait été signée
du nom de M. Ledru-Rollin et visiblement destinée à dé-
nigrer le régime impérial pour faire désirer le retour du
gouvernement provisoire, les délicatesses qui se sont em-
pressées de déclarer inviolable la brochure de M. le duc
d'Aumale se seraient-elles aussi vivement soulevées pour
qu'on s'abstînt scrupuleusement de contredire M. Ledru-
Rollin ?

Il n'y avait ici qu'un intérêt qu'il était essentiel de ne pas froisser, en combattant l'écrit du prince d'Orléans, c'était celui des personnes judiciairement poursuivies. Or, cet intérêt a été plutôt servi que lésé dans les quelques pages où l'on s'est attaché à démontrer que si M. le duc d'Aumale a été naturellement poussé à publier sa brochure par le désir et l'espoir de nuire au gouvernement impérial en France et en Europe, il n'en est pas moins certain que l'effet de la brochure orléaniste sur les masses nationales et les esprits progressifs de tous les pays devait tromper l'attente du prince et de son parti, et pouvait devenir ainsi **une** *circonstance atténuante* pour ceux qui auraient à répondre, en justice, des passages incriminés et **des intentions** hostiles du signataire ou des rédacteurs, également inaccessibles.

Ne serait-il pas piquant que l'éditeur et l'imprimeur fissent plaider ce moyen en appel, et qu'ils en **vinssent à** déclarer, en appréciateurs intelligents de la situation politique, que l'écrit du prince Henri d'Orléans a laissé apparaître, sur toutes les questions du jour, des tendances tellement contraires à l'esprit des majorités nationales, qu'il a perdu devant l'opinion publique son caractère **de** manifeste dangereux d'un jeune prétendant, pour prendre celui d'acte d'abdication involontaire d'un **vieux parti ?**

Dans ce cas, ils trouveraient une éloquente et patriotique péroraison toute faite pour couronner ce système de défense; ils n'auraient qu'à répéter avec *le Journal des Débats* (en mai 1860) :

« Plaise à Dieu que l'ère des révolutions soit définitivement close pour la France ! C'est un vœu qui doit sortir de la bouche et du cœur de tout bon citoyen. Assez de catastrophes, assez de chutes de trônes et d'empires ! »

FIN

www.ingramcontent.com/pod-product-compliance
Lightning Source LLC
Chambersburg PA
CBHW061719060726
47597CB00006B/2459